Rustikale Herbstdeko

... aus Naturmaterial und Metall wird Ihre Umgebung verschönern. Sie finden in meinem Buch Anregungen für drinnen und draußen, hergestellt aus sehr unterschiedlichen Materialien. Für den Außenbereich bietet sich besonders Holz als vielseitiger Werkstoff an. Daraus entstanden eine Vogelscheuche mit Laterne, ein Gespenst mit Teelicht, ein Igel als Kantenhocker und vieles mehr. Für drinnen habe ich zum Beispiel rustikale Naturpapiere gewählt, um daraus Laternen und Tischlichter herzustellen. Trendige Dekorationen sind Blechdosen, die farblich aufgepeppt und mit Naturmaterial arrangiert werden. Gebinde und floristische Arrangements aus Getreide, Trockenblumen, Sonnenblumen und mit aktuellem Zubehör im Rostlook vervollständigen das Angebot in diesem Buch.

Mit diesem üppigen, herbstbunten Mix aus Anregungen in verschiedenen Schwierigkeitsgraden kommt auch in der dunkleren Jahreszeit bestimmt keine Langeweile auf! Viel Spaß und Freude beim Nachbasteln wünscht

Ihre

Die Motive lassen sich in folgende Schwierigkeitsgrade unterteilen:

● ○ ○ einfach ● ● ○ etwas schwieriger ● ● ● anspruchsvoll

WERKZEUGE UND HILFSMITTEL

Die Dekorationen in diesem Buch sind in unterschiedlichen Techniken und aus vielfältigen Materialien für die Innen- und Außenverwendung hergestellt. Hier finden Sie eine Basisausstattung oft gebrauchter Werkzeuge und Hilfsmittel, die nicht jedes Mal in den Materiallisten bei den einzelnen Modellen aufgeführt sind.

VORLAGEN- UND PAPIERARBEITEN

- Kopierpapier (Kohle-, Pauspapier)
- Bleistift
- Schere
- Lineal
- Cutter mit Schneideunterlage
- Lochzange oder Bürolocher

DRAHTARBEITEN

- Seitenschneider oder Kneifzange
- Rundzange
- Rundhölzer (Kochlöffel z. B.)
- Schaschlikstäbchen oder Stift

FLORISTIK

- Seitenschneider
- Schere
- geglühter Draht
- Heißklebepistole

HOLZ BEARBEITEN UND BEMALEN

- Laub-, Dekupier- oder Stichsäge
- feine und grobe Holzsägeblätter
- Handbohrer oder elektrische Bohrmaschine
- Holzbohrer, ø 1,5 mm, 2 mm, 3 mm, 6 mm und 8 mm
- feines und mittelgrobes Schmirgelpapier
- evtl. Schwingschleifer
- Feile
- evtl. Holzschnitzwerkzeug
- Schraubzwingen
- Hammer
- Pinsel
- Wasserbecher
- Palette oder Pappteller
- Mallappen
- Malschwämmchen
- evtl. wetterfester Klarlack

So wird's gemacht

Holzauswahl

Für die Holzmodelle habe ich Holzplatten und -bretter mit Stärken zwischen 3 mm und 2,2 cm verwendet: MDF-Platten (mitteldichte Faserplatten), Pappelsperrholz, Fichtenleimholz und sägeraue Fichtenbretter. Sie können aber auch andere, ähnlich starke Hölzer wählen.

Vorlagen übertragen

Zum Übertragen der Motive das Kopierpapier (Kohle- oder Pauspapier) direkt auf das Holz (oder die Lampenschirmfolie, Blechdose) legen, darüber den Vorlagenbogen. Die Konturen mit einem Bleistift nachziehen. Gesichter erst nach der Grundbemalung auf die Form kopieren.

Aussägen und Schleifen

1 Die Holzformen entlang der durchgepausten Linien aussägen. Je stärker das Holz ist, desto gröber muss das Sägeblatt sein.

2 Zum Versäubern die Kanten zuerst unter leichtem Druck mit einer Holzfeile glätten, danach mit mittlerem und zuletzt mit feinem Schmirgelpapier.

3 Wenn sägeraues Holz nicht ganz so rustikal wirken soll, zusätzlich die ganze Oberfläche leicht schleifen.

Bodenplatten anbringen

Für Standmodelle die Bodenplatte durchbohren, so wie auf dem Vorlagenbogen eingezeichnet. Dieser Lochabstand muss so groß sein wie der zwischen den zugehörigen Bohrungen am Modell selbst. Stets die unterschiedlichen Durchmesser für Bohrer und Senkkopfschrauben beachten. Zum späteren Versenken der Schraubenköpfe die kleinen Löcher unter der Platte mit einem dickeren Bohrer (ø 6 mm bis 8 mm, je nach Schraubenkopfgröße)

etwa 5 mm tief aufweiten (siehe Foto). So wackelt das Holzmodell später nicht.

Farbgebung

Holz lässt sicht gut mit Acrylfarbe bemalen, sie deckt gut und trocknet schnell. Haben Sie für ein Außenobjekt keine wetterfeste Acrylfarbe zur Hand, streichen oder sprühen Sie zum Versiegeln Ihres bemalten Werkstücks glänzenden, matten oder seidenmatten Klarlack darüber.

Um den Modellen den rustikalen Countrystyle zu verleihen, habe ich verschiedene Methoden angewandt:

Methode 1: Acrylfarben in verschiedenen Nuancen nass ineinander malen. Nach dem Trocknen die Kanten schleifen, damit das Modell älter und benutzt aussieht.

Methode 2: Das Holz im jeweils angegebenen Farbton grundieren. Nach dem Trocknen mit einem Schwämmchen die Bemalung strukturieren – durch Auftupfen oder leichtes Überwischen mit einer weiteren Farbe.

Holz und Draht

Drahtverbindungen und -ergänzungen sind ein zusätzliches Merkmal des Countrystyles. Ich habe dafür geglühten Draht (ø 0,65 mm und 1,65 mm) verwendet.

Spiralen: Für spiralförmig auslaufende Drahtenden den ausreichend langen Draht je nach gewünschtem Spiralendurchmesser um einen

WEITERFÜHRUNG

So wird's gemacht

Rundholzstab (Kochlöffelstiel), einen Bleistift, eine Stricknadel oder ein Schaschlikstäbchen wickeln. die Spirale abstreifen und nach Wunsch auseinander ziehen. Nur mit der Rundzange gebogene Spiralen wirken rustikaler.

Verbindungen: Für die Verbindung zweier Holzteile den Draht durch die Bohrungen stecken. Dann die Enden miteinander verdrillen oder sie einzeln mit der Zange zu kleinen Kringeln biegen.

Rostlook

Für das rostige Aussehen von Metall die Oberfläche mit Schmirgelpapier aufrauen, den Schleifstaub entfernen und Metallgrund aufstreichen oder -sprühen. Nach dem Trocknen mit brauner Acrylfarbe bemalen. Dann wenig „Rostfinish" oder „Rostpatina" mit einem Pinsel auf ein Schwämmchen streichen und damit leicht über die getrocknete Acrylfarbe tupfen oder wischen.

Floristik

Für floristische Gebinde ist dünner Draht unentbehrlich, zum schnellen Fixieren kleiner Dekoteile die Heißklebepistole. Trockenblumensteckmasse hilft beim Dekorieren von Blechdosen und -taschen. Die im Buch gezeigten oder ähnliche Seiden- oder Kunststoffblüten, Blätter, Beerenpicks, das Zubehör und auch Naturmaterialien sind z. B. in gut sortierten Deko- und Bastelgeschäften erhältlich.

Lampen

Um Naturpapiere und Vliese auf selbstklebende Lampenschirmfolie aufzukleben, das Schutzpapier nur partieweise abziehen. Das Material von der Mitte nach außen feststreichen, um Falten zu vermeiden.

Igel

→ mit guter Laune

MOTIVHÖHE
ca. 44 cm

MATERIAL
- sägeraues Fichtenholzbrett, 2,2 cm stark, 18 cm x 50 cm (Rumpf, Beine)
- sägeraues Fichtenholzbrett, 1 cm stark, 15 cm x 15 cm (Arme)
- Acrylfarbe in Elfenbein, Ocker, Zimt und Grün
- geglühter Draht, ø 1,65 mm, 20 cm lang
- Stoffrest, 4 cm x 2,5 cm
- Malschwämmchen
- wasserfester Filzstift in Schwarz
- wasserfester Holzleim

VORLAGENBOGEN 1A

1 Den Igel gemäß der Grundanleitung ab Seite 3 vom Vorlagenbogen auf das angegebene Holz übertragen und ausarbeiten. Dazu alle fünf Teile aussägen, schleifen und durchbohren.

2 Den Igel gemäß Foto flächig mit Acryl-

farbe bemalen. Nach dem Trocknen Hose, Hände, Füße und die Stacheln mit dem Malschwämmchen in Elfenbein leicht überwischen, das Gesicht und das Oberteil in Zimt.

3 Die Arme und Beine mit zwei 10 cm langen Drahtstücken am Körper befestigen.

4 Aus dem Stoffrest zwei Flicken schneiden und mit Holzleim befestigen. Das Gesicht und die Flickenlinien mit dem wasserfesten Filzstift einzeichnen.

Tipp: **Der Igel kann unterschiedlich sitzen – auf einer ebenen Fläche mit waagerechten Beinen oder als Kantenhocker mit einem herunterbaumelnden Bein.**

Clematiskranz

→ mit Deko-Schaufel

MOTIVHÖHE
ca. 25 cm

MATERIAL

- Clematiskranz, ø 25 cm
- Schaufel in Rost mit Vogelscheuche und Welcome-Schild, 9 cm x 24 cm
- 2 Hypericum-Picks in Rot
- Beerenranke in Braun, 35 cm lang
- Draht in Braun, ø 0,35 mm
- Sonnenblumen-Pick mit 3 Blüten
- Phalaris in Naturgrün
- Bast in Natur
- Heißklebepistole

1 Als Aufhänger ca. 1 m Bast am Kranz befestigen. Den Bast durch das Loch im Schaufelstiel ziehen und die Schaufel mit Heißkleber auf dem Kranz fixieren.

2 Eine Bastschleife binden, mit Draht fixieren und neben der Schaufel am Kranz anbringen. Die Beerenranke, die Sonnenblumen, das Hypericum und die Phalaris mit Heißkleber auf den Kranz kleben.

Tipp: Sie können Ihre Schaufel auch selbst gestalten, mit einer kleinen Gartenschaufel aus dem Gartenmarkt. Streichen Sie sie mit einer Metallgrundierung vor, bemalen Sie sie mit brauner Acrylfarbe und versehen Sie das Metall mit Rostpatina. Malen Sie dann Ihre Vogelscheuche darauf – es können aber auch Sonnenblumen, Igel oder Pilze Ihre Schaufel zieren. Das Schild können Sie aus einem Holzrest, 8 mm stark, fertigen und mit Hasel- oder Weidenruten und Draht an der Schaufel befestigen.

Welcome

Kürbiskette

→ mit Herz

MOTIVHÖHE
ca. 50 cm

MATERIAL
- Holzbrettrest, 8 mm stark, 10 cm x 25 cm
- Acrylfarbe in Gelb, Dunkelorange und Grün
- Taftband in Orange, 8 mm breit, 90 cm lang
- Karoband mit Drahtkante in Gelb-Orange-Grün, 2,5 cm breit, 75 cm lang
- Satinband in Orange, 3 mm breit, 50 cm lang
- Clematisranke
- Beerengirlande in Braun, 25 cm lang
- geglühter Draht, ø 0,65 mm, 65 cm lang
- Metallherz im Rostlook, 11 cm x 12 cm
- Heißklebepistole

VORLAGENBOGEN 1B

1 Die Kürbisse und die Blätter gemäß der Grundanleitung ab Seite 3 vom Vorlagenbogen auf das Holz übertragen und ausarbeiten. Dazu die fünf Teile aussägen, schleifen und wie eingezeichnet durchbohren.

2 Die Kürbisse gelb grundieren und in die noch nasse Farbe etwas Dunkelorange (großer Kürbis) und etwas Grün ziehen (goßer und kleiner Kürbis). Die Blätter grün bemalen und mit 5 cm langen Drahtstücken an den Kürbissen befestigen.

3 Das Taftband durchs Metallherz fädeln und dieses Aufhängeband oben verknoten. Aus dem Karoband eine Schleife legen und sie mit dem schmalen Satinband zusammenhalten.

4 Aus dem restlichen Draht eine Spirale wickeln (siehe Seite 3). Die Kürbisse an beiden Enden befestigen.

5 Den Draht so umbiegen, dass die Kürbisse versetzt hängen. Diese Drahtschlaufe mit den Kürbissen an die Clematisranke andrahten und beides zusammen in passender Höhe mit Heißkleber am Taftband anbringen. Die Karoschleife direkt davor kleben und die Beerengirlande in der Clematisranke befestigen.

Tipp: Diese kleinen Kürbisse machen sich auch gut als Einzeldekorationen.

Vogelscheuche

→ bringt Licht in den Herbst

MOTIVHÖHE
ca. 60 cm

MATERIAL
- sägeraues Fichtenholzbrett, 2,2 cm stark, 85 cm x 18 cm (Körper, Füße)
- Pappelsperrholz, 6 mm stark, 15 cm x 25 cm (Hutkrempe, Kürbisse)
- Holzbrettrest, 1,9 cm stark, 15 cm x 22,5 cm (Bodenplatte)
- 2 Buchenrundstäbe, ø 8 mm, 6 cm lang
- Acrylfarbe in Elfenbein, Gelb, Dunkelorange, Zimt, Nougat, Rot, Hellgrün, Dunkelgrün und Schwarz
- geglühter Draht, ø 0,65 mm, 1 m lang
- Draht in Grün, ø 0,35 mm
- Bast in Natur
- 2 Knöpfe in Braun, ø 2 cm
- Stoffrest, 8 cm x 4 cm
- Laterne im Rostlook, ca. 12 cm hoch
- 2 Senkkopfschrauben, ø 3 mm, 2,5 cm lang
- Malschwämmchen
- wasserfester Filzstift in Schwarz
- Buntstift in Rot
- wasserfester Holzleim

VORLAGEN-BOGEN 1B

1 Die Scheuche und die Kürbisse gemäß der Grundanleitung ab Seite 3 vom Vorlagenbogen auf das Holz übertragen und ausarbeiten. Dazu alle neun Teile aussägen und schleifen. Die zusätzliche Hutkrempe als plastische Verstärkung auf den Hut leimen.

2 Die Teile wie angegeben durchbohren, für die Rundholzstäbe die Hosenbeine von unten ca. 1,5 cm tief anbohren.

3 Die Figur gemäß Abbildung bemalen. In die noch nasse gelbe Grundierung der Kürbisse etwas Dunkelorange ziehen. Die getrocknete Farbe von Hose, Hemd und Schuhen leicht anschleifen. Hände und Gesicht mit dem Malschwämmchen in Zimt überwischen, den Hut in Elfenbein.

4 Das Gesicht und die Ziernähte der Hose mit Filzstift einzeichnen. Die Wangen mit dem Buntstift zart schattieren.

5 Die Rundstäbe in die Bohrungen der Hose und der Schuhe leimen. Die Bodenplatte von unten durch die vorgebohrten Löcher an die Schuhe schrauben.

6 Die Arme mit vier 7,5 cm langen Stücken des dicken Drahtes am Körper befestigen. Mit einem 50 cm langen Stück dieses Drahtes die Kürbisse aufhängen, mit dem restlichen Stück die Laterne anbringen.

7 Mithilfe des dünnen, grünen Drahtes vier 8 cm lange und ein 5 cm langes Bastbündel binden. Das kurze Bündel als Pony, zwei lange als seitliche Haare und zwei als Schuhbüschel mit Heißkleber befestigen. Die Knöpfe sowie drei aus dem Stoffrest geschnittene Flicken ankleben. Die Gewebestruktur mit dem schwarzen Filzstift betonen.

Tipp: Soll Ihre Figur tatsächlich Vögel verscheuchen, ersetzen Sie Kürbisse und Laterne durch reflektierende alte CDs, die im Wind schillern.

Dosenweiblein

→ mit Wichtelmütze

MOTIVHÖHE
ca. 25 cm

MATERIAL
- Styroporkugel, ø 8 cm (Kopf)
- Holzhalbkugel, ø 1,5 cm (Nase)
- 2 Holzhände, 3 cm lang
- 2 Holzfüße, 4,5 cm lang
- Acrylfarbe in Beige, Weiß und Braun
- Filz in Rot, 20 cm x 30 cm
- geglühter Draht, ø 1,65 mm, 3 m lang
- Blechdose, ø 10 cm, ca. 6,5 cm hoch
- Metallgrund
- Trockenblumensteckmasse
- Moos
- Strohblumennadeln
- 6 Zapfen
- 2 Stiele mit Erlenzapfen
- 5 Deko-Äpfel, ø 3,5 cm
- Phalaris
- Mooskranz, ø 6 cm
- 6 Haselnussreiser, ø 5 mm bis 1 cm, 12 cm lang
- Schaschlikstäbchen
- Kokosfasern in Natur
- Bast in Natur
- Heißklebepistole
- wasserfester Filzstift in Schwarz
- Buntstift in Rot

VORLAGENBOGEN 1A

1 Den Styroporkopf, die Nase, die Hände und die Füße gemäß Foto flächig bemalen. Nach dem Trocknen das Gesicht vom Vorlagenbogen übertragen, die Holznase aufkleben und das Gesicht mit dem schwarzen Filzstift einzeichnen.

2 Die Mütze vom Vorlagenbogen auf den Filz übertragen und ausschneiden. Die Seitennaht mit Kleber schließen und einen Zapfen an der Spitze anbringen. Einige Kokosfasern als Haare, die Erlenzapfen und die Mütze an den Kopf kleben. Das Schaschlikstäbchen einige Zentimeter tief als Hals in den Kopf stecken.

3 Die Dose für die Beine durchbohren, mit Metallgrund streichen und nach dem Trocknen mit Acrylfarbe braun bemalen.

4 Aus je 75 cm Draht vier Spiralen herstellen (siehe Seite 3). Dazu die Drähte für die Beine auf ganzer Länge wickeln, die für die Arme am Ende 6 cm zum Stecken gerade lassen. An die anderen Enden die Hände kleben. Die Beindrähte durch die Löcher in die Dose stecken und innen mit einer Rundzange umbiegen. Die Füße und zwei kleine Bastschleifen ankleben.

5 Die Dose mit der Trockenblumensteckmasse füllen und darauf das Moos mit Strohblumennadeln feststecken.
In die Mitte die Haselnussreiser stecken, darum herum gleichmäßig verteilt die Arme, die Zapfen, die Deko-Äpfel und die Phalaris anordnen. Auf die Haselreiser den Mooskranz legen und schließlich den Kopf aufstecken.

Tipp: Die Deko-Äpfel können Sie auch durch getrocknete Blumen ersetzen.

Tischlicht mit Sonnenblume

→ für gemütliche Abende

MOTIVHÖHE
ca. 30 cm

MATERIAL
- Lampenschirmfolie, einseitig selbstklebend, 50 cm x 30 cm
- Lampendrahtgitter oder Hasendraht, 20 cm x 28 cm
- Lichterkette mit 10 oder 20 Lämpchen
- Japanseide in Grün, 50 cm x 30 cm
- Kokosband in Natur, 10 cm breit, 30 cm lang
- Chiffonband mit Sonnenblumen, 4 cm breit, 30 cm lang
- 2 Haselnussreiser, ø 1 cm, 13 cm lang
- Seiden-Sonnenblume
- Bast in Natur
- transparentes doppelseitiges Klebeband
- Heißklebepistole
- Lochzange oder Bürolocher
- Stopfnadel

1 Die Lampenschirmfolie in zwei 25 cm x 30 cm große Teile teilen. Die Schutzfolie abziehen und die Japanseide aufkleben (siehe Seite 4). Die zwei Längsseiten beider Folien 1 cm neben der Kante in 2-cm-Abständen lochen.

2 Auf der vorderen, der Schauseite, mit doppelseitigem Klebeband das breite Kokosband, das Sonnenblumen-Chiffonband und die Seiden-Sonnenblume mit Heißkleber befestigen. Die Reiser mit Bast mithilfe der Stopfnadel aufnähen.

3 Das Drahtgitter so zwischen die beiden Folien legen, dass es unten und an einer gelochten Seite bündig liegt. Dort durch die Löcher hindurch die drei Teile mit Bast zusammenbinden. Mit der zweiten Seite genauso verfahren, damit die Lampe dreidimensional wird und stabil steht.

4 Eine Schleife aus Bast binden und damit den oberen Lampenrand dekorieren. Die Lichterketten-Lämpchen im Inneren gleichmäßig verteilt in die Drahtfläche stecken.

Tipp: Mit der Anzahl der Lämpchen Ihrer Lichterkette bestimmen Sie den Ausdruck und die Helligkeit der Lampe. Da die grüne Japanseide relativ dunkel ist, sollten Sie 20 Lämpchen wählen. Übrigens kann man die Kette auch schon vor dem „Annähen" des Gitters einflechten.

Rustikaler Kürbis

→ als fröhlicher Blickfang

MOTIVHÖHE
ca. 32 cm

MATERIAL

- sägeraues Fichtenholzbrett, 2,2 cm stark, 35 cm x 22 cm (Kürbis)
- sägeraues Fichtenholzbrett, 1 cm stark, 10 cm x 15 cm (Blätter)
- Holzbrettrest, 1,9 cm stark, 12 cm x 24 cm (Bodenplatte)
- Acrylfarbe in Elfenbein, Gelb, Dunkelorange, Grün und Schwarz
- geglühter Draht, ø 0,65 mm, 16 cm lang
- Draht in Braun, ø 0,35 mm
- Clematisranke
- Beerengirlande in Braun, 60 cm lang
- Ahornblätter-Zweig
- 5 Lampionblumen in Orange
- 2 Senkkopfschrauben, ø 3 mm, 3,5 cm lang
- Malschwämmchen
- Heißklebepistole
- wasserfester Filzstift in Schwarz

VORLAGENBOGEN 1A

1 Den Kürbis, die Blätter und die Bodenplatte gemäß der Grundanleitung ab Seite 3 vom Vorlagenbogen aufs entsprechende Holz übertragen und ausarbeiten. Dazu alle vier Teile aussägen, schleifen und wie eingezeichnet durchbohren. Den unteren Kürbisrand zweimal ca. 1,5 cm tief von unten anbohren.

2 Den Kürbis gelb grundieren und in die noch nasse Farbe Dunkelorange ziehen. Die Bodenplatte, die Blätter und den Kürbisstiel grün bemalen. Blätter und Stiel nach dem Trocknen mit dem Malschwämmchen in Elfenbein überwischen. Das Gesicht vom Vorlagenbogen übertragen, dann mit schwarzer Farbe und dem Filzstift ausarbeiten.

3 Die Bodenplatte durch die vorgebohrten Löcher von unten anschrauben. Mit zwei 8 cm langen Drahtstücken (ø 0,65 mm) die Blätter an den Kürbis hängen.

4 Die Clematisranke als Kranz auf die Bodenplatte legen. Die fünf Lampionblumen im Abstand von 25 cm an dem dünnen braunen Draht andrahten und diese Girlande locker auf dem Clematiskranz arrangieren. Anfang und Ende am Kranz befestigen. Die Beerengirlande dritteln. Beeren und Ahornblätter gleichmäßig verteilt in die Zwischenräume kleben.

Tipp: Sie können Ihren Kürbis auch beleuchten, indem Sie eine Lichterkette in den Kranz einarbeiten.

Rebenkranz mit Sonnenblumen

→ eine prachtvolle Augenweide

MOTIVHÖHE
ca. 40 cm

MATERIAL
- Rebenkranz, ø 30 cm
- Hafer
- Weizen
- Moos
- Wattepilz, 3-teilig
- 2 Hagebutten-Picks
- Ahornzweig
- Sonnenblumen-Pick mit 3 Blüten, ø 5 cm
- Band mit Drahtkante in Grün, 2,5 cm breit, 1 m lang
- Sonnenblumenband, 4 cm breit, 1 m lang
- Draht in Grün, ø 0,35 mm
- 5 Zapfen (z. B. Kiefer, Erle)
- 10 Reiserscheiben (Astscheibchen), ø 1 cm, 1 cm stark
- Heißklebepistole

1 Das grüne Band als Aufhänger am Kranz anknoten.

2 Aus dem Sonnenblumenband eine Schleife legen und mit dem Draht zusammenhalten. Den Weizen und den Hafer mit Draht bündeln.

3 Zuerst die Schleife als Hauptakzent mit Heißkleber auf dem Rebenkranz befestigen. Danach das Moos, das Getreidebündel, die Hagebutten, die Pilze, die Sonnenblumen, den Ahornzweig, die Zapfen und die Reiserscheiben gemäß Abbildung auf den Kranz kleben.

Tipp: Wenn Sie einen so ausdrucksvollen Kranz dekorieren möchten, sollten Sie darauf achten, dass möglichst viel von der Kranzgrundlage sichtbar bleibt. Setzen Sie mit den dekorativen Ergänzungen also bitte nur Akzente. So kommen auch die einzelnen Deko-Elemente gut zur Geltung.

Rabe auf Zweigen

→ freut sich über Besuch

MOTIVHÖHE
ca. 30 cm

MATERIAL
- sägeraues Fichtenholzbrett, 2,2 cm stark, 30 cm x 20 cm (Körper, Flügel, Füße)
- Pappelsperrholz, 3 mm stark, 15 cm x 15 cm (Schnabel, Herz)
- Acrylfarbe in Schwarz, Weiß, Rot, Ocker und Zimt
- geglühter Draht, ø 0,65 mm, 1 m lang
- geglühter Draht, ø 1,65 mm, 1,50 m lang
- Draht in Braun, ø 0,35 mm
- 3 Hartriegelzweige in Rot, 60 cm lang
- 2 Hagebutten-Picks in Orangerot
- 7 Monetablätter
- Bast in Natur
- Zapfen
- Moos
- Malschwämmchen
- Heißklebepistole
- wasserfester Filzstift in Schwarz

VORLAGENBOGEN 2A

1 Den Raben gemäß der Grundanleitung ab Seite 3 vom Vorlagenbogen aufs entsprechende Holz übertragen und ausarbeiten. Dazu alle sieben Teile aussägen, schleifen und wie eingezeichnet durchbohren.

2 Die Teile gemäß Abbildung anmalen. Nach dem Trocknen der Farbe die schwarzen Flächen und die Herzkanten leicht anschleifen. Den Schnabel und die Füße mit dem Malschwämmchen in Zimt überwischen. Mit weißer Farbe und schwarzem Filzstift das Gesicht und das „Welcome“ ausarbeiten.

3 Die Flügel mit vier 7,5 cm langen Drahtstücken (ø 0,65 mm) am Körper befestigen. Den restlichen Draht derselben Stärke als Aufhänger anbringen, dabei die Enden zu kleinen Spiralen drehen (siehe Seite 3).

4 Den Schnabel und das Herz mit Heißkleber befestigen. Eine kleine Bastschleife binden und auf dem Herz fixieren. Als Beine zwei Spiralen aus je 75 cm langen Stücken des dicken Drahtes (ø 1,65 mm) wickeln. Daran die Füße anbringen und die Beine am Körper andrahten.

5 Die Hartriegelzweige mit dem dünnen, braunen Draht zusammenbinden und den Raben gut auf diesem Bündel festkleben oder mit Draht darauf fixieren. Die Monetablätter im Abstand von 15 cm bis 20 cm an einem langen Stück des dünnen Drahtes festbinden. Diese Blättergirlande locker in den Zweigen arrangieren, Anfang und Ende an den Zweigen fixieren.

6 Das Moos, die Zapfen und die Beeren mit Heißkleber ankleben.

Tipp: Sie können die Monetablätter-Girlande auch durch eine frische Efeuranke ersetzen.

Welcome

Blechtasche mit Vogelscheuche

→ nicht nur schön zum Erntedankfest

MOTIVHÖHE
ca. 38 cm

MATERIAL
- Blechtasche mit Bügel im Rostlook, 18 cm x 22 cm x 6 cm
- Hafer
- Weizen
- Moos
- Trockenblumensteckmasse
- Taftband in Grün, 8 mm breit, 1 m lang
- Karoband mit Drahtkante in Gelb-Rot-Grün, 2,5 cm breit, 1,50 m lang
- Draht in Grün, ø 0,35 mm
- Steckdraht, ø 1 mm, 40 cm lang
- Sonnenblumen-Pick mit 3 Blüten
- Beeren-Pick in Grün
- Kantenhocker-Vogelscheuche in Grün, 20 cm hoch
- 2 Haselnussreiser, 8 cm lang
- Rindenstrang
- Strohblumennadeln
- Heißklebepistole

1 Den Hafer und den Weizen mit dem dünnen Draht zu kleinen Bündeln binden. Eine Hälfte des Taschenhenkels schuppenartig und abwechselnd mit dem Hafer, dem Weizen und dem Moos umhüllen. Dabei von unten nach oben arbeiten und das Material jedes Mal mit dem dünnen Draht mehrfach umwickeln. Die zweite Henkelhälfte gegengleich dekorieren. Oben mit Moos abschließen.

2 Das grüne Taftband dort als Aufhänger anknoten. Aus dem Karoband zwei Schleifen binden und sie oben vorn und hinten an das Moos kleben.

3 Die Blechtasche ganz mit der Trockenblumensteckmasse füllen. Dieses mit Moos abdecken, einige Strohblumennadeln halten es fest.

4 Die Vogelscheuche hinten mit einem Steckdraht versehen (mit Heißkleber befestigen) und auf die Tasche setzen. Der Steckdraht hält sie fest. Den Rindenstrang, die Sonnenblumen, die Reiser und Beeren gemäß Abbildung rechts und links daneben anordnen.

Tipp: Wenn Sie Ihre Blechtasche als Tür- oder Wandschmuck verwenden möchten, können Sie die hintere Schleife weglassen. Nur wenn die Tasche frei aufgehängt wird, sollten Vorder- und Rückseite gleichmäßig dekoriert werden.

MOTIVHÖHE
ca. 25 cm

MATERIAL
- Holzbrettrest, 1,6 cm stark, 15 cm x 10 cm (Kürbis)
- Holzbrettrest, 8 mm stark, 10 cm x 5 cm (Blätter)
- Acrylfarbe in Elfenbein, Gelb, Dunkelorange, Grün und Schwarz
- geglühter Draht, ø 0,65 mm, 6 cm lang
- geglühter Draht, ø 1,65 mm, 75 cm lang
- Blechdose, ca. ø 10,5 cm, 12 cm hoch
- Metallgrund
- 2 Holzhalbkugeln, ø 2,5 cm (Hände)
- 2 Holzhalbkugeln, ø 3 cm (Füße)
- Figurendraht, ø 6 mm, 54 cm lang
- Filz in Grün, 22 cm x 15 cm
- bunter Stoff, 25 cm x 12 cm
- Bast in Natur
- Kokosfasern
- Efeu im Topf (kleiner als die Dose)
- Heißklebepistole
- Malschwämmchen
- wasserfester Filzstift in Schwarz

VORLAGEN-BOGEN 2B

Kürbiswichtel

→ erweckt Blechdosen zum Leben

1 Den Kürbis und die Blätter gemäß der Grundanleitung ab Seite 3 vom Vorlagenbogen auf das Holz übertragen und ausarbeiten. Dazu die drei Teile aussägen, schleifen und wie angegeben durchbohren. Den Kopf von unten 2 cm tief anbohren.

2 Den Kürbis gelb grundieren und in die nasse Farbe Dunkelorange ziehen. Den Stiel und die Blätter grün bemalen. Nach dem Trocknen die Kanten leicht anschleifen. Das Gesicht mit dem Filzstift aufzeichnen.

3 Die Blätter mit dem dünnen Draht vorn und hinten am Kürbis befestigen. Einige Kokosfasern mit Heißkleber als Frisur anbringen.

4 Für den Hals den dickeren geglühten Draht mit ca. zehn Windungen zur Spirale drehen (siehe Seite 3), dabei oben 2 cm und unten den Rest gerade enden lassen. Das kurze Ende in die Kopfbohrung kleben.

5 Die Dose mit Metallgrund streichen. Die Vorlage vom Bogen übertragen, die Löcher bohren und alles mit Acrylfarbe ausmalen. Nach dem Trocknen das Grün mit dem Malschwämmchen in Elfenbein überwischen.

6 Um den Figurendraht für die Arme (12 cm) und Beine (15 cm) an der Dose zu befestigen, zuerst an je einem Ende 1 cm der Ummantelung abschneiden. Diese freien Enden durch die Löcher stecken und innen mit der Rundzange umbiegen.

7 Aus zwei 10 cm x 15 cm großen Filzstücken Hosenbeine zusammenkleben und über die Beine ziehen. Die oberen Enden an die Dose kleben, die unteren mit Bast zusammenbinden. Aus zwei 10 cm x 12 cm großen Stoffstücken genauso die Ärmel anfertigen. Die bemalten Halbkugeln als Hände und Füße ankleben.

8 Aus den Stoff- und Filzresten fünf Flicken schneiden, auf die Hose kleben und Details mit dem Filzstift einzeichnen. Den Efeutopf in die Dose stellen und den Kürbiskopf hineinstecken.

Tipp: Sie können den Wichtel auch als Kräuterwichtel arbeiten. Ersetzen Sie den Efeu durch Kresse, Basilikum oder andere Kräuter.

Kürbis-Tischlicht

→ für gemütliche Stunden

MOTIVHÖHE
ca. 24 cm

MATERIAL
- Lampenschirmfolie, einseitig selbstklebend, 50 cm x 36 cm
- Glasgefäß, ca. ø 7 cm, 5 cm hoch
- Teelicht
- Japanseiden-Rest in Grün
- Japanseiden-Rest in Braun
- Vlies (zum Lampenbasteln) in Orange, 26 cm x 40 cm
- Papierkordel in Grün, ø 2 mm, 25 cm lang
- Bast in Hellbraun
- Lochzange oder Bürolocher

VORLAGENBOGEN 2B

1 Die vier Lampenteile gemäß Vorlagenbogen aus der Lampenschirmfolie zuschneiden. Das Vlies auf beide Kürbisflächen aufziehen, die braune Japanseide auf die Stiele, die grüne auf die Blätter kleben (siehe Seite 4).

2 Den Kürbisrand 1 cm von der Kante entfernt in 2-cm-Abständen lochen. Die beiden Kürbisteile an den Seiten mit doppelt liegendem Bast verbinden, oben und unten jedoch den Bast nur um die einzelnen Kanten herumschlingen. So ergeben sich Öffnungen von ca. 15 cm (wie auf dem Vorlagenbogen eingezeichnet), die zum Einstellen des Glasgefäßes nötig sind.

3 Die Papierkordel halbieren und die beiden Blätter damit oben am Kürbis festbinden. Eine Schleife aus Bast herstellen und als zusätzlichen Akzent in der Nähe des Stiels anbringen.

4 Das Glasgefäß mit dem Teelicht in den Kürbis stellen und ihn damit zum Leuchten bringen.

Tipp: Sie können für die großen Kürbisflächen statt Vlies auch Japanseide in Orange nehmen.
Ein Hinweis zu Ihrer Sicherheit: Lassen Sie das Teelicht niemals unbeaufsichtigt brennen. Und achten Sie darauf, dass sich die oberen Folienteile mit dem Papier, Vlies und Bast niemals nach innen neigen – es besteht sonst erhöhte Brandgefahr!

Gespenst

→ als Teelichthalter

MOTIVHÖHE
ca. 38 cm

MATERIAL
- Fichtenleimholzbrett, 1,8 cm stark, 36 cm x 36 cm (Gespenst)
- Fichtenleimholzbrett, 1,8 cm stark, 13 cm x 29 cm (Bodenplatte)
- Acrylfarbe in Elfenbein und Nougat
- Teelichthalter mit Stab, mindestens 20 cm lang, im Rostlook
- geglühter Draht, ø 0,65 mm, 40 cm lang
- 2 Senkkopfschrauben, ø 3 mm, 4 cm lang
- Malschwämmchen
- wasserfester Filzstift in Schwarz

VORLAGEN-BOGEN 2A+2B

1 Die Holzteile gemäß der Grundanleitung ab Seite 3 vom Vorlagenbogen auf das Holz übertragen und ausarbeiten. Dazu die vier Teile aussägen, schleifen und die Bohrungen wie eingezeichnet vornehmen. Hierbei das Gespenst auch zweimal ca. 2 cm tief von unten anbohren. Der Durchmesser der Löcher zum Ein- und Durchstecken des Teelichthalters hängt vom Durchmesser des Stabs ab und sollte nur wenig größer sein.

2 Das Gespenst mit Acrylfarbe in Elfenbein anmalen. Nach dem Trocknen diese Flächen mit dem Nougat-Farbton leicht überwischen und betupfen. Das Gesicht mit dem wasserfesten Filzstift aufmalen.

3 Die Arme mit vier 10 cm langen Drahtstücken am Körper befestigen. Die Bodenplatte von unten anschrauben und den Teelichthalter in die Bohrungen stecken.

Tipp: Kleine Zierkürbisse sind eine passende Ergänzung für das Gespenst. Arrangieren Sie einige auf der Bodenplatte. Um den Halloween-Charakter zu verstärken, können Sie sie mit Gesichtern bemalen.

Herbstwaldkette

→ mit Blättern und Pilzen

1 Die Blätter und Pilze gemäß der Grundanleitung ab Seite 3 vom Vorlagenbogen aufs entsprechende Holz übertragen und ausarbeiten. Dazu die acht Teile aussägen, schleifen und die 1,2 cm starken Teile wie eingezeichnet ca. 2 cm tief anbohren. Die dünnen Teile beidseitig an die Pilzköpfe leimen.

2 Die Blätter in Blattgrün bemalen, in die nasse Farbe Dunkelgrün ziehen und nach dem Trocknen mit dem Malschwämmchen in Elfenbein überwischen. Die in Nougat grundierten Pilzköpfe ebenfalls in Elfenbein und die elfenbeinfarbenen Stiele in Zimt überwischen.

3 50 cm des dickeren, geglühten Drahtes mit Heißkleber als Aufhänger in die obere Bohrung des schlanken Pilzes kleben. Den restlichen Draht dritteln, daraus die Verbindungsspiralen wickeln (siehe Seite 3) und die Enden in die Bohrungen der Blätter und Pilze kleben.

4 Drei Clematisranken mit dem dünnen Draht mittig zusammenfassen und mit Heißkleber an den Spiralen fixieren. Zusätzlich drei Bastschleifen binden und sie zusammen mit den Beeren und Blättchen auf das Clematisrankenbündel kleben.

Tipp: Die verbindenden Drahtspiralen können Sie auch durch ein Textilband ersetzen. Und wer eine rustikalere Aufhängung wünscht (gilt auch für die Blütenkette rechts), durchbohrt das obere Teil an einer oder zwei Stellen. Dann kann man dort den Draht oder die Schnur durchziehen und verdrillen bzw. doppelt legen und oben verknoten.

Sonnenblumenkette

→ haltbar und dekorativ

MOTIVHÖHE
ca. 70 cm

MATERIAL

- MDF-Platte, 1,2 cm stark, 30 cm x 30 cm
- Pappelsperrholz, 3 mm stark, 25 cm x 25 cm
- Acrylfarbe in Elfenbein, Zimt, Nougat, Blattgrün und Dunkelgrün
- geglühter Draht, ø 1,65 mm, 1,55 m lang
- Draht in Braun, ø 0,35 mm
- Beerenpick in Orange-Rot
- Clematisranke
- Bast in Natur
- Malschwämmchen
- wasserfester Holzleim
- Heißklebepistole

VORLAGENBOGEN 2A + 2B

Materialangaben auf Seite 32

1 Die Sonnenblumen gemäß der Grundanleitung ab Seite 3 vom Vorlagenbogen aufs entsprechende Holz übertragen und ausarbeiten. Dazu die sechs Teile aussägen und schleifen. Die zwei 1,6 cm starken Sonnenblumenteile wie eingezeichnet ca. 2 cm tief anbohren.

2 Die beiden Metallblüten – falls nicht vorhanden – oben und unten mit zwei Löchern versehen, damit die Schnur angeknotet werden kann.

3 Die beiden gezackten Sonnenblumenteile in Ocker bemalen, die vier Blütenmitten in Nougat. Nach dem Trocknen die Blütenmitten mit dem Malschwämmchen in Ocker betupfen und die Kanten schleifen.

4 Die bemalten Blütenmitten jeweils beidseitig auf die gezackten Blütenteile kleben.

5 Von der Schnur drei 15 cm lange Abschnitte abschneiden. Das restliche, 20 cm lange Stück als Aufhänger oben in der Bohrung der ersten Sonnenblume mit Heißkleber festkleben. Dann mit den drei übrigen Schnurabschnitten die Kette weiterarbeiten. Dazu eine Blechblüte, eine Holz- und wieder eine Blechblüte ankleben.

WEITERFÜHRUNG

Sonnenblumenkette

6 Drei Clematisranken mit dem Draht mittig zusammenfassen und mit Heißkleber an der Schnur fixieren, genau in der Mitte zwischen den Blüten.

7 Den Stoffrest in drei Streifchen von 3 cm x 6 cm teilen und sie ebenfalls mittig mit Draht zusammenbinden. Auf einer Seite der Clematisranken jeweils ein Metallstreuteil, auf die andere Seite ein solches Stoffschleifchen kleben. So sieht die Sonnenblumenkette von beiden Seiten gut aus, was vor allem wichtig ist, wenn sie frei im Raum aufgehängt werden soll.

Tipp: Die Blechblüten können Sie auch leicht selbst aus einem Rest 0,2 mm starker Metallfolie herstellen. Übertragen Sie dazu die Blüte vom Vorlagenbogen zweimal auf die Folie, schneiden Sie die Formen aus und bohren Sie zwei Löcher hinein. Grundieren Sie die Blüten mit Metallgrund und bemalen Sie sie beidseitig mit Acrylfarbe und „Rostpatina" oder „Rostfinish".

MOTIVHÖHE
ca. 1,30 m

MATERIAL
- MDF-Platte, 1,6 cm stark, 15 cm x 7 cm
- Pappelsperrholz, 3 mm stark, 8 cm x 8 cm
- Acrylfarbe in Elfenbein, Ocker und Nougat
- 2 Blechblüten im Rostlook, ø 10 cm, oder ein Rest Metallfolie, 0,2 mm stark
- Schnur in Braun, ø 1,5 mm, 65 cm lang
- Draht in Braun, ø 0,35 mm
- Clematisranke
- 3 herbstliche Metallstreuteile, ø 3 cm
- Stoffrest, 9 cm x 6 cm
- Malschwämmchen
- Heißklebepistole

VORLAGENBOGEN 1B

DIESES BUCH ENTHÄLT 2 VORLAGENBOGEN

IMPRESSUM

FOTOS: frechverlag GmbH, 70499 Stuttgart; Fotostudio Ullrich & Co., Renningen
DRUCK: frechdruck GmbH, 70499 Stuttgart

Auflage: 5. 4. 3. 2. 1.
Jahr: 2009 2008 2007 2006 2005 [Letzte Zahlen maßgebend]

ISBN 3-7724-3388-X
Best.-Nr. 3388